귀엽고 웃기고 기발한 동물들의 사생활
초딩 인생 처음 동물잡학

초판 1쇄 발행 2022년 11월 11일

지은이 리젠룽
그린이 쑤란란
옮긴이 안지선

펴낸이 박선영
디자인 이다혜
마케팅 이경희
제작 신우인쇄

펴낸 곳 의미와 재미
출판신고 2019년 1월 30일 제2019-000034호
주소 서울특별시 서초구 방배천로18길 11, 106-1704
전화 02-6015-8381 팩스 02-6015-8380
이메일 book@meannfun.com

ISBN 979-11-978972-3-8(77490)

*이 책은 저작권법에 따라 보호받는 저작물이므로 무단 전재와 무단 복제를 금하며, 이 책 내용의 전부 또는 일부를 이용하시려면 반드시 저작권자와 출판사의 서면 동의를 받아야 합니다.

*책값은 뒤표지에 있습니다.
*잘못된 책은 구입처에서 바꿔 드립니다.

有本事来吃我呀
Copyright © 2020 杭州绘读互动科技有限公司
Korean translation copyright © MeannFun Publishing
Korean translation rights arranged with Hangzhou Huidu Interaction Technology Ltd.
through Arui SHIN Agency & Copyright Agency of China All rights reserved.

이 책의 한국어판 저작권은 Arui SHIN Agency와 Copyright Agency of China를 통해 Hangzhou Huidu Interaction Technology Ltd.와의 독점계약으로 의미와재미에 있습니다. 본 저작물은 저작권법에 의해 한국 내에서 보호를 받는 저작물이므로 무단전재와 무단복제를 금합니다.

초딩 인생 처음 동물잡학

리젠룽 지음 | 쑤란란 그림 | 안지선 옮김

Contents 목차

Prologue 06

I

네가 한 일은 냄새만 맡아도 다 알지
큰 육지 친구들

나무늘보 10	그랜트황금두더지 32	검은꼬리프레리독 54
산미치광이 12	판다 I 34	임팔라 56
바위너구리 14	판다 II 36	비버 58
기린 16	뱀 38	젖소 60
모래쥐 18	말코손바닥사슴 40	아이다호땅다람쥐 62
도깨비도마뱀 20	나사뿔영양 42	시리아햄스터 64
바비루사 22	안경원숭이 44	토끼 66
코알라 24	암퇘지 46	누 68
아일랜드큰뿔사슴 26	줄무늬몽구스 48	캥거루 70
불곰 28	고라니 50	
오리너구리 30	하마 52	

II

다들 조용히 해, 나 이제 수컷이 될 거야!
바다 친구들

아나바스 74	백상아리·기린·산개구리와	노블피그미개구리 100
해달 76	집비둘기 88	아름다운지느러미돔 102
블랙스왈로워 78	바다표범 90	큰가시고기 I 104
거북복 80	문어 I 92	큰가시고기 II 106
가짜청소고기 82	문어 II 94	심해아귀 108
해삼 84	쇠향고래 96	위부화개구리 110
장수거북 86	재패니즈에인절피시 98	거꾸로개구리 112

III

너희 정말 부럽다, 어릴 때부터 똥꼬가 있다니!
작은 육지 친구들

잎벌레 116
혹개미 118
유럽거머리 120
거품벌레 122
흰개미 I 124
흰개미 II 126
미동부메뚜기 128
벼잎벌레 130
남생이잎벌레 유충 132

개미귀신 134
왕네발나비 유충 136
주기매미 138
왕누에나방 140
혹잎벌레 142
박각시나방·매나방 유충 144
거대흰개미 146
진딧물 148
사시나무나사혹진딧물 150

데클레비스흰개미 152
양집게벌레 I 154
양집게벌레 II 156
갈고리바퀴벌레 158
붉은등과부거미 160
지렁이 162
꿀벌 유충 164
군대개미 166

IV

자신 있으면 잡아먹어 봐!
날개 달린 친구들

참나무딱따구리 170
호아친 172
새끼 호아친 174
집비둘기 176
조류 178
알바트로스 180
고추 먹는 새 182
흡혈박쥐 184

장다리물떼새 186
군함조 188
벌새 190
황제펭귄 I 192
황제펭귄 II 194
흰머리수리 196
산쑥들꿩 198
원앙새 200

붉은다리파트리지 202
민물가마우지 204
붉은어깨검정새 206
염주비둘기 208
이집트대머리수리 210
무덤새 212
코뿔새 214
다약과일박쥐 216

참고문헌 218

Prologue

만약 우리가 인간이 아닌 펭귄이나 꿀벌로 태어났다면 어떤 삶을 살았을까요? 여러분은 동물의 하루는 그저 먹고, 마시고, 싸는 것이 전부라고 생각하나요?

그 생각이 맞을 수도 있어요. 하지만 혹시 강아지가 음식 먹는 모습을 자세히 본 적이 있나요? 강아지에게 처음 먹어 보는 음식을 입가에 가져다주면, 강아지는 낼름 먹는 법이 없어요. 먼저 코로 냄새를 맡고, 혀로 핥아 문제가 없는 음식이라는 걸 확인한 다음에야 마음 놓고 삼킨답니다.

이처럼, 먹는다는 사실은 같지만 먹는 모습은 제각기 다르지요.

동물의 후각은 사람보다 훨씬 예민해요. 개는 처음 보는 다른 개의 엉덩이 냄새를 맡는다는 이야기가 있어요. 사실 그건 개들만의 인사랍니다. 개의 엉덩이에는 강한 냄새를 풍기는 분비샘이 있어요. 그 냄새를 기억해서 서로를 구분하는거죠. 마치 우리가 다른 사람을 만났을 때 서로의 눈을 보고 악수를 하는 것처럼요.

만약 우리가 개의 세상에 간다면 말이에요. TV를 켜서 뉴스 채널을 틀면 TV에서 강한 냄새가 날 거예요. 개에게는 냄새를 맡는 일이 '뉴스'이기 때문이지요. 사람들이 말하는 뉴스는 개의 입장에서 보면, 아니 맡으면 모두 가짜 뉴스로 보일 거예요.

그렇다면 동물의 뉴스에서는 어떤 냄새가 날까요? 그건 제가 말하기 곤란하니, 직접 체험해 보기 바랍니다.

어쨌든 이 책에서는 동물들이 먹고 마시는 방법은 우리와 다르다는 것을 표현하고 싶었습니다. 더 나아가 책이라기보다는 가상의 과학 여행이라고 봐 주면 좋겠습니다. 여러분은 밖에 나가거나 비행기표를 살 필요는 없지만 대신 언제든지 동물이 될 준비를 해야 해요. 그리고 동물처럼 이리저리 냄새도 맡고 구석구석 살펴보는 거예요. 그러면 여러분은 동물의 생활 방식을 100가지쯤 경험하게 될 거예요. 또 동물에게도 생필품이 있고 희로애락을 느낄 수 있다는 것을 알면, 이제는 동물들이 완전히 다르게 보일 거예요.

그리고 장담하건대, 여러분이 보게 될 내용은 인터넷에 난무하는 거짓 정보가 아니라 분명한 과학적 사실입니다. 확실한 내용을 전달하기 위해, 저는 동물학 논문을 100편도 넘게 읽었지요. 논문에 기재된 내용은 전부 동물학자가 직접 본 겁니다. 그들보다 동물을 더 잘 이해하는 사람은 없을 테지요.

자, 이제 우리 모두 동물이라고 생각해 봅시다. 그리고 크게 심호흡을 한 다음 이렇게 외치는 거예요. "자신 있으면 잡아먹어 봐!"

쉘든 과학만화 작업실에서
리젠룽 씀

나무늘보는 평소에 나무 위에서 늘어져 있어요. 나무 위에서 7일쯤 지내고 나면 한 번 내려와서 용변을 보는데, 매번 같은 장소에서 일을 본답니다.

네가 한 일은 냄새만 말아도 다 알지

산미치광이

산미치광이는 돼지가 아닌 쥐나 다람쥐, 비버의 친척입니다. 고슴도치와 비슷하지만 고슴도치는 가시가 몸에 고정돼 있는 반면, 산미치광이의 가시는 쉽게 빠져요. 또 산미치광이의 가시는 거꾸로 걸려 있어 천적의 피부에 단단히 박히지요. 산미치광이를 잡아먹으려던 천적은 이 가시에 너무 많이 찔려서 상처에 염증이 생기고, 감염돼 목숨을 잃게 됩니다.

바위너구리의 몸집은 작지만, 유전자 검사를 해 보니 바다소나 코끼리와 같은 거대 포유류 조상의 후손이라는 게 밝혀졌어요.
몸집은 꼭 토끼 같지만, 발 모양은 발굽처럼 생겨서 조상님들의 흔적을 엿볼 수 있게 합니다.

코끼리나 얼룩말, 기린 같은 초식동물은 서서 잘 수 있어요. 만일 맹수가 나타나면 바로 도망갈 수 있도록 말이에요. 이 동물들은 안전하다는 확신이 들 때만 누워서 자요. 깊은 잠을 잘 때는 뒷다리 아랫부분에 머리를 기대고 잔답니다.

모래쥐는 후각이 아주 예민해요. 누군가 오줌을 싸면 자신과 같은 동물인지 아닌지, 암컷인지 수컷인지, 심지어는 어떤 수컷인지도 구분하지요. 오줌을 천 배로 희석해도 누구의 오줌인지 알아낸답니다.

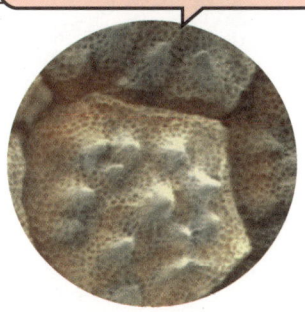

도깨비도마뱀은 목욕을 하면서 아무도 모르게 물을 마실 수 있어요. 도깨비도마뱀의 몸은 비늘로 가득한데, 비늘과 비늘 사이에 아주 작은 틈이 있거든요. 도깨비도마뱀의 몸 어디에든 물이 닿으면, 물은 그 미세한 틈을 통해 입가까지 올라가죠. 이를 모세관 현상이라고 해요.

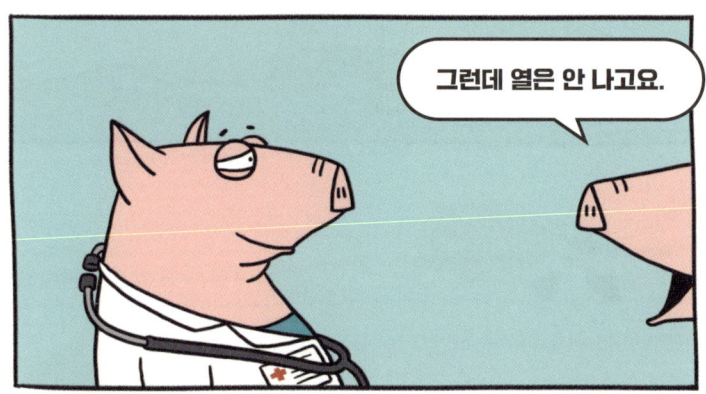
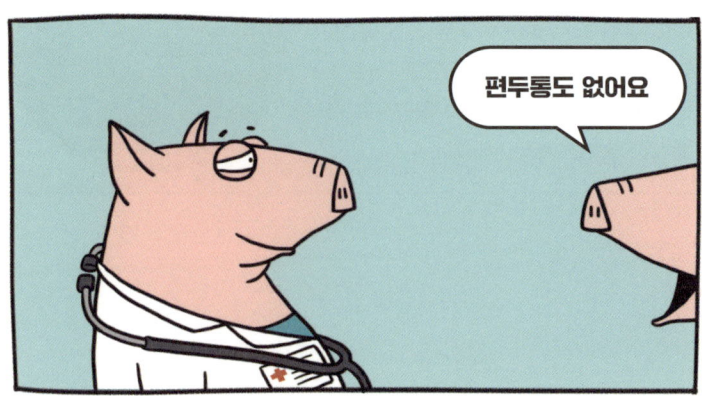

돼지처럼 생긴 이 동물은 바비루사라고 해요. 돼지의 먼 친척이지요. 수컷 바비루사는 주둥이에 갈고리 같은 윗니와 아랫니가 한 쌍씩 있어요. 어떤 바비루사는 윗니가 구부러진 칼처럼 생겼는데, 이마 쪽으로 자라다가 심하면 이마를 찢어서 상처를 내기도 해요. 과학자들은 대체 이런 이빨이 무슨 소용이 있는지 정말 모르겠다고 하네요.

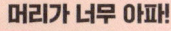

네가 한 일은 냄새만 맡아도 다 알지

코알라가 매일 자고 쉬어야 하는 시간을 다 합하면 보통 18시간쯤 되지요. 600미터 이하의 유칼리나무 위에서 내내 잠자거나 유칼리 잎을 먹는 데 하루를 다 보낸답니다.

봄에는 나른하게 졸리고, 여름엔 피곤하고, 가을엔 꾸벅꾸벅 졸리고, 겨울엔 겨울잠을 자야지!

네가 한 일은 냄새만 맡아도 다 알지

아일랜드큰뿔사슴은 일찍부터 유라시아 대륙에 널리 퍼져 있었어요. 키가 서장훈 아저씨보다 머리 하나쯤은 더 크고, 뿔은 더 어마어마해요. 3.6미터까지 자라죠. 사슴 뿔 중에서 제일 큽니다. 과학자들은 이렇게 뿔이 크게 자라려면 아일랜드큰뿔사슴의 뼈에는 칼슘과 인이 많이 부족할 거라고 추측했어요. 그러면 골다공증이 생기고 뼈가 부러지기도 쉽죠. 7700년 전에 아일랜드큰뿔사슴이 완전히 멸종한 건 아마 이런 이유 때문일 거라고 하네요.

동면기가 되면 불곰은 먹지도 마시지도 않고 움직이지도 않아요. 하지만 하루에 4000킬로칼로리에 가까운 열량을 소모하지요.
반년 동안 겨울잠을 자고 나면 지방이 쏙 빠져서 몸무게가 15%에서 25% 가까이 줄어든답니다.
그러니까 겨울이 오기 전까지 불곰은 하루에 20시간씩 먹고 마셔야 해요. 그렇지 않으면 빠질 살도 없을 테니까요.

오리너구리는 육식 동물로, 기생충이나 곤충의 애벌레, 그리고 새우를 즐겨 먹어요. 하지만 이상하게도 위가 너무나도 작아서 소화하는 기능이 전혀 없지요. 오리너구리의 위는 한마디로 장식품이랍니다.

그랜트황금두더지는 아프리카 남부 사막에 살아요.
부드러운 모래를 파면서 앞으로 나아가요. 마치 모래 속에서 헤엄치는 것처럼요.
굴속에 숨어서 사는 습관 때문에 그랜트황금두더지는 시력이 아주 나쁘지만 미세한 진동을 느끼는 능력은 누구보다도 뛰어나답니다.

판다는 매일 100개에서 200개가 넘는 대변을 만들어 내요.
매번 먹자마자 배출하기 때문인지 대나무가 충분히 소화될 시간이 없지요. 그래서 판다의 대변에는 싱그러운 대나무 향이 남아있어요. 소문에 따르면, 판다의 똥 냄새는 대나무 돗자리 냄새와 비슷하다네요.

판다는 대나무를 사랑해요. 하지만 대나무의 주성분은 소화가 어려운 섬유소와 목질소라서, 소화 흡수가 가능한 영양소는 아주 적어요.
그래서 판다는 매일 대나무를 십여 킬로그램씩 먹어야 정상적으로 영양소를 섭취할 수 있어요. 그런데, 많이 먹으면 당연히 더 많이 배출하는 것 아니겠어요?

뱀은 대부분 시력이 아주 나빠요. 멀리 있는 물체를 잘 보지 못할 뿐 아니라 조용히 멈춰있는 것도 못 알아봐요. 자기 주변에서 움직이고 있는 물체만 알아챌 수 있지요. 마치 눈이 나쁜 사람이 안경을 벗고 희미한 빛으로 겨우 주변에 무엇이 있는지 분간하는 것과 비슷하답니다.

청년 말코손바닥사슴이 아가씨 사슴의 눈길을 끄는 방식은 매우 독특해요. 우선 땅에 얕은 구덩이를 파서 소변을 본 다음 발굽을 이용해 자기 몸에 뿌리거나 아예 그 위에 드러눕기도 하죠.
말코손바닥사슴의 소변 냄새를 맡아 본 과학자 말로는 코를 찌르는 향이라고 해요. 덕분에 깊은 숲속에서 수컷이 근처의 암컷을 끌어들일 수 있게 도와준답니다.

많은 동물들이 나사뿔영양과 마찬가지로 다른 동물의 똥을 발견하면 달려들어 냄새를 맡은 다음, 그 위에 다시 대변을 본답니다. 과학자들은 아마 그 이유가 자신의 영역을 표시하기 위해서일 거라고 생각합니다.

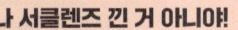

안경원숭이는 주로 필리핀과 인도네시아에 살아요. 몸집은 어른의 손바닥보다도 작지만 두 눈만큼은 아주 크답니다. 마치 두 개의 동그란 전구가 머리에 박힌 것 같아 보이거든요. 비율로 따지면 안경원숭이의 눈이 세상의 포유류 중에 가장 커요.

암퇘지는 미친 게 아니라 송로버섯 냄새를 맡은 거예요.
식용 곰팡이인 송로버섯에는 수퇘지가 분비하는 일종의 남성 호르몬이 있거든요. 그래서 암퇘지가 송로버섯 냄새에 반하는 거랍니다. 송로버섯은 보통 땅속에 묻힌 나무뿌리 근처에서 자라기 때문에 우리 눈에 잘 띄지 않아요. 유럽에서는 일찍부터 송로버섯을 찾으려면 암퇘지의 힘을 빌려야 한다는 걸 알고 있었지요.

줄무늬몽구스가 즐겨 먹는 것은 똥이 아니라, 똥 더미 속에 있는 말똥구리와 유충이에요. 매일 아침이면 줄무늬몽구스는 무리를 지어 먹이를 찾아 나서지요.
만약 한 마리가 초식동물의 똥 더미를 발견하면, 신이 나서 크게 소리쳐 다른 친구들을 불러 모은 다음, 다같이 벌레를 꺼내 먹는답니다.

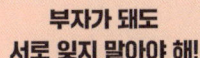

번식하는 시기가 오면, 짝을 찾지 못한 고라니는 무리를 이룬 수컷에게 도전장을 던져요. 하지만 둘은 곧장 싸우지 않고 진을 치며 서로를 살피다가 고래고래 소리 지르며 노래 대결을 펼쳐요. 고라니는 상대가 울부짖는 소리를 듣고 힘이 얼마나 센지 가늠할 수 있거든요. 만약 노래 대결로 승부가 결정된다면, 굳이 싸울 필요도 없는 거예요.

하마의 피부에서는 기름진 분홍색 액체가 분비돼요. 이 액체는 피부의 열을 내려주고, 보습과 자외선 차단, 그리고 항균작용까지 하지요. 그래서 하마는 화장품을 살 필요가 없답니다! 사실 이 액체는 땀의 역할을 하는 것 같지만 엄밀히 말하면 땀과는 다른 물질이에요.

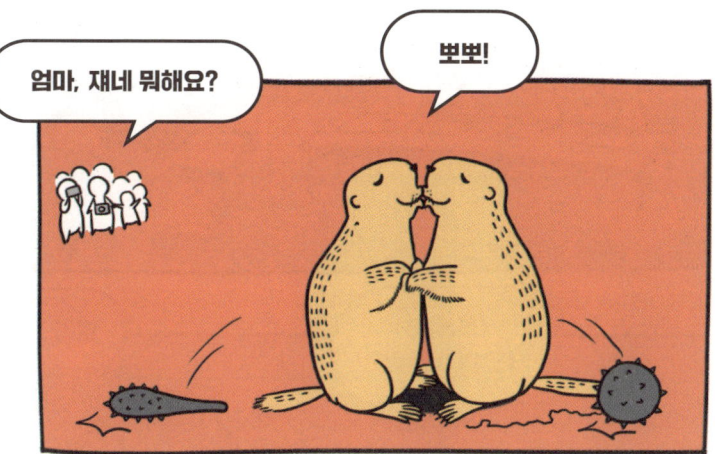

과학자들은 동물원의 검은꼬리프레리독이 사람만 보면 미친 듯이 흥분한다는 것을 발견했어요. 근처에 구경꾼이 몰릴수록 뽀뽀를 더 오래 하지요.
검은꼬리프레리독은 사회성이 아주 강해요. 서로 장난치고, 엉덩이 냄새를 맡고, 털을 빗어주고 백 가지도 넘는 울음소리로 소통하기도 한답니다. 물론 입맞춤도 하고요.

 **너만 알려줄게!**

만약 임팔라 한 마리가 소변을 보면, 다른 임팔라도 우르르 따라가서 소변을 보곤 해요. 한 마리가 대변을 보면 다른 임팔라도 같이 대변을 보고요. 특히 놀랐을 때 더욱 그렇답니다. 이렇게 용변 보는 것까지 따라 하는 건 서로를 모방하는 임팔라의 특징이에요.

나란히 줄 서서 물 마시자.

네가 한 일은 냄새만 맡아도 다 알지

비버의 항문 근처에는 분비샘 주머니 한 쌍이 있어서, 짙은 냄새를 풍기는 물질을 분비할 수 있어요. 이 물질을 아주 연하게 희석하면 사람들이 좋아하는 향수를 만들 수도 있고, 음식에 맛을 더하는 물질로도 쓸 수 있어요. 그래서 이 물질은 비버의 옛 이름을 따서 해리향이라고도 불린답니다.

젖소가 하는 트림은 방귀나 마찬가지예요. 어른 젖소 한 마리가 해마다 배출하는 메탄의 양은 평균 100킬로그램쯤 된답니다. 메탄은 온실가스의 한 종류로, 불이 붙는 기체이기도 해요. 밀폐된 환경에서 메탄의 농도가 어느 정도 짙어지면, 폭발이 일어날 수 있어요. 그 밖에도 젖소의 배설물이 자연스럽게 발효되면서 많은 메탄가스를 만들어 내지요.

아이다호땅다람쥐

아이다호땅다람쥐의 결혼 생활은 쉽지 않아요. 남편 땅다람쥐는 아내가 다른 남자와 도망갈까 봐 걱정하느라 아내가 가는 곳마다 졸졸 따라다니거든요.

아내 땅다람쥐가 혼자 구멍에라도 들어가면, 남편은 그 입구에 쪼그리고 앉아서 기다리지요. 만약 아내가 계속 안 보이면, 다시 모습을 드러낼 때까지 남편 땅다람쥐는 특유의 찍찍거리는 소리를 낸답니다.

애완동물 가게에서 볼 수 있는 햄스터는 대부분 시리아햄스터예요. 사람은 열 달 동안 뱃속에 아이를 품고 있지만, 햄스터는 임신부터 출산까지 16일이면 충분하지요. 더 재미있는 사실은, 햄스터가 태어나고 28일이 지나면 생식 능력을 갖출 만큼 성숙해진답니다.

토끼는 두 가지 똥을 눠요. 하나는 먹을 수 있는 부드러운 똥인데, 소화가 잘 되는 미세한 음식 입자로 이루어진 거예요. 다른 하나는 먹으면 안 되는 딱딱한 똥이에요. 이 똥은 굵고 큰 입자로 만들어진 거라 소화가 잘 안돼요.

난 포도가 아냐, 토끼가 눈 말랑말랑한 똥이지.

아프리카 탄자니아에서는, 누가 대부분 1월 말에서 2월 말 사이에 태어나요. 이때가 바로 누의 번식기인 건기에 해당하거든요. 그 시기의 별자리는 물병자리랍니다.

엄마의 육아낭은 아기 캥거루의 방이에요. 아기 캥거루는 매일 그 안에서 먹고 마시고 배변도 하면서 아주 많은 배설물을 만들어 내요. 육아낭을 깨끗하게 유지하려면, 엄마 캥거루는 쉬지 않고 이 배설물을 치워야 하지요. 치우는 방법은 딱 하나뿐이에요. 바로 혀로 핥는 거지요. 그러니까 엄마 캥거루는 한마디로 '진 자리 마른 자리 갈아 누이며' 자식을 키운답니다.

II
다들 조용히 해, 나 이제 수컷이 될 거야!

바다 친구들

아나바스는 기어다니기 대장이에요. 살던 연못이 마를 때쯤이면 물 밖으로 기어 나와서, 숲과 논을 가로질러 근처 연못에 기어들어가 삶을 이어 가지요. 아나바스의 아가미 뒤쪽에는 특수한 기관이 있어서, 물 밖에서도 산소 호흡을 할 수 있도록 돕는답니다.

다들 조용히 해, 나 이제 수컷이 될 거야!

해달은 언제나 바다 위에 떼 지어 누워서 잠을 자요. 해달은 바닷물에 휩쓸리지 않기 위해 미역이나 큰 해초로 자신의 몸을 칭칭 감지요.
그러니까, 미역 같은 해초는 해달을 꽉 잡아주는 안전벨트 역할을 한답니다.

다들 조용히 해, 나 이제 수컷이 될 거야!

블랙 스왈로워

블랙스왈로워는 바다에 사는 작은 물고기예요. 몸집이 몇 센티미터에서 십여 센티미터밖에 되지 않죠. 하지만 자기 몸집보다 훨씬 큰 물고기를 삼킬 수 있어서 '포식자'라는 별명을 갖고 있답니다.

다들 조용히 해, 나 이제 수컷이 될 거야!

네모반듯한 상자처럼 생긴 이 물고기는 거북복이라고 해요. 거북복은 엄청 느리게 헤엄쳐요. 그래서 위험에 처했을 때는 피부를 통해 뉴로톡신, 즉 신경에 유독한 물질인 테트로도톡신을 분출하지요. 이상한 건, 이 독소가 거북복 자신에게도 치명적이라는 거예요. 어항 속에서 이 독을 뿜으면 자기 자신은 물론 어항 속 물고기 모두에게 독이 퍼져서 죽게 돼요.

다들 조용히 해, 나 이제 수컷이 될 거야!

청소물고기는 바닷속의 '피부과 의사'로 유명해요. 멀리서 먹이를 찾을 필요 없이 커다란 물고기가 집 앞에 나타나길 기다렸다가, 큰 물고기의 몸 표면에 붙은 기생충을 먹어 치우지요. 그런데, 바닷속에 청소물고기인 척하는 다른 물고기가 나타났어요. 바로 '가짜청소고기'예요. 이 물고기는 청소물고기의 모습과 동작을 따라하며 어떤 물고기가 속아넘어갈지 지켜보다가 큰 물고기의 지느러미 아래 살점을 물어뜯는답니다.

큰 물고기 살점이 맛있더라!

다들 조용히 해, 나 이제 수컷이 될 거야!

해삼은 위협을 받으면 항문으로 내장을 뿜어내요. 내장이 몸 밖으로 나가면 끈적끈적하고 길어져서 그물처럼 천적을 옭아매지요. 그 틈에 해삼은 재빨리 도망갈 수 있어요. 내장이 좀 부족해도 걱정 없어요. 며칠 안에 몸에서 새 내장을 만들어내니까요.

다들 조용히 해, 나 이제 수컷이 될 거야!

장수거북은 세계에서 가장 몸집이 큰 바다거북이에요.
장수거북은 짠 맛을 조금도 두려워하지 않죠. 매일 엄청나게 많은 해파리를 먹으면서, 염분 수십 킬로그램도 같이 먹게 되거든요. 이 정도면 사람이 하루에 섭취하는 소금의 1000배나 돼요. 어떻게 그럴 수 있냐고요? 장수거북은 염분을 몸에 필요한 만큼만 남기고 나머지는 발달된 눈물샘을 통해 모두 배출한답니다. 아주 짠 눈물을 흘리지요.

다들 조용히 해, 나 이제 수컷이 될 거야!

백상아리가 가장 뚱뚱할 때의 간은 90%가 지방으로 채워져 있어요. 기린의 혈압은 200㎜Hg이 넘고요. 영하 5℃인 실험실 환경에서 산개구리의 혈당 농도는 리터당 87㎚정도예요. 그리고 집비둘기의 정상 체온은 40~42℃죠.
사람이라면 이건 심각한 지방간이나 고혈압, 당뇨병, 고열이라고 볼 수 있어요. 그렇지만 동물들에겐 이런 건강 상태는 아무 일도 아니랍니다.

바다표범은 물속에서 숨 쉬지 않고도 10~20분 동안 쪽잠을 잘 수 있어요. 과학자들은 아마 바다표범의 몸속에 미오글로빈이 많아서 산소를 잔뜩 저장할 수 있을 거라고 추측하지요. 우리 몸속에도 미오글로빈이 있지만, 너무 많아지면 오히려 산소 저장 기능을 잃게 돼요. 바다표범에게는 특이하게도 미오글로빈이 많아도 그런 문제가 생기지 않는답니다.

다들 조용히 해. 나 이제 수컷이 될 거야!

문어는 자신의 피부를 울퉁불퉁하게 만들 수도 있고, 거울처럼 매끄럽게 만들 수도 있어요. 문어의 피부에는 수많은 돌기가 있는데, 돌기마다 두세 종류의 근육이 연결돼 있거든요. 이 근육으로 돌기의 굵기와 크기, 모양을 얼마든지 만들어 낼 수 있는 거죠.

문어는 피부의 돌기를 조절할 수 있는 건 물론이고, 색소 기관을 마음대로 조절해서 무늬까지 바꿀 수 있어요. 와우!

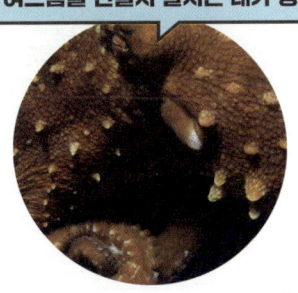

여드름을 만들지 말지는 내가 정해!

다들 조용히 해, 나 이제 수컷이 될 거야!

과학자들이 말레이 제도 해역에서 발견한 문어는 한마디로 연기대상 감이었죠.
가자미는 물론, 사자고기라고도 부르는 쏠배감펭이나 바다뱀 모양을 따라 할 수 있었거든요. 심지어는 말미잘과 해파리 등 해양생물까지도 말이에요.

다들 조용히 해, 나 이제 수컷이 될 거야!

쇠향고래는 고래치고는 몸집이 아주 작아요. 쇠향고래의 작은창자에는 먹물주머니가 있는데, 그 안에 끈적하고 걸쭉한 분홍색 액체를 12리터 정도 저장하고 있어요. 쇠향고래는 깜짝 놀라면 이 먹물주머니를 털어 물속에 분홍색 '연막탄'을 뿜어요. 아무것도 모르는 사람이 보면 쇠향고래의 피라고 생각하겠지요. 하지만 사실은 피가 아니라 똥이랍니다.

다들 조용히 해, 나 이제 수컷이 될 거야!

재패니즈에인절피시는 서태평양에 사는 관상어예요. 남편 한 마리가 여러 아내와 함께 사는 '일처다부제'를 시행하고 있지요. 수컷은 매일 '아내들'의 주위를 맴돌고 사랑을 표현해요. 하루라도 빼먹으면, 예를 들어 '남편'을 어항에서 꺼내 다른 곳으로 옮긴다면, 남은 '아내들' 중 한 마리가 완전히 수컷으로 변해서 새로운 '남편'이 된답니다.

코끼리는 자연계의 생태 엔지니어라고도 하죠. 몸집이 크고 우람해서 움직임도 크고 이리저리 엎치락뒤치락하거든요. 그래서 큰 나무를 우지끈 부러뜨려 작은 동물에게 집을 만들어 줄 수 있답니다.

하지만 이렇게 큰 힘을 들이는 대신 똥 한 무더기만으로도 개구리나 딱정벌레, 개미, 귀뚜라미처럼 작은 동물에게 포근한 보금자리를 만들어 주지요.

부드럽고 무른 쇠똥과는 다르게, 코끼리의 똥에는 소화가 덜 된 식물 찌꺼기가 가득해서 형태도 단단하게 유지된답니다.

아름다운지느러미돔은 아프리카 고유의 민물고기 중 하나예요. 번식철이 오면, 수컷은 빈 소라 껍데기를 잔뜩 모아서 신혼집을 마련하고 암컷을 끌어들이지요. 결혼하고 나면, 아름다운지느러미돔은 소라 껍데기 안에서 알을 낳고 번식까지 한답니다. 땡전 한 푼 들이지 않고 말이에요.

과학자들이 연구한 바에 따르면, 수컷 가시고기는 위가 큰 암컷을 좋아한대요. 알을 품을 수 있다면 똥배는 조금 나와도 상관없다는 거죠. 지중해에서 북극해는 물론이고, 바닷가부터 육지의 늪에 이르기까지 어디서나 가시고기를 찾아볼 수 있어요. 하지만 동네마다 종류는 다 다르답니다.

다들 조용히 해, 나 이제 수컷이 될 거야!

암컷 가시고기는 알을 한 무더기 낳은 다음, 남편에게 버려둔 채 새 애인을 찾으러 떠나요. 수컷 가시고기는 홀로 알을 지키면서 '새엄마' 찾기에 열을 올리지요. 암컷은 이렇게 알을 지키는 또 다른 수컷을 열심히 찾아다니지만, 그렇다고 좋은 새엄마가 되는 건 아니에요. 전 부인처럼 또 알을 한 무더기 낳고 도망가거든요.

심해아귀의 수컷은 몸집이 커지지도 않고, 먹이를 잘 잡지도 못해요. 다 자라고 나면 수컷은 암컷 몸에 찰싹 달라붙어 서로의 몸속에 있는 핏줄을 연결하지요. 그다음부터는 일할 필요도 없이 게으르게 살 수 있어요. 그러니까 한마디로 말하자면, 멀리서 볼 때는 몸에 붙은 기생충인 줄 알았는데, 가까이서 보니 심해아귀의 남편이었다, 이 말이에요.

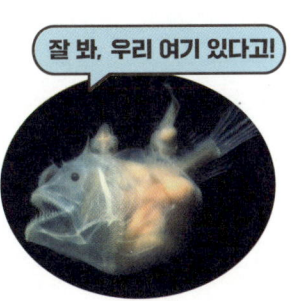

다들 조용히 해, 나 이제 수컷이 될 거야!

엄마 위부화개구리는 수정란을 삼키고 알을 위에서 부화시켜 새끼를 길러요. 그러다 때가 되면 폴짝폴짝 뛰는 개구리들을 토해내지요. 이런 식으로 번식하는 방법은 다른 생물에게서는 찾아볼 수가 없어요. 위부화개구리는 옛날부터 오스트레일리아 동쪽의 개울에서 살았지만, 1980년대 중반에 모두 멸종하고 말았답니다.

일반적으로 개구리는 작은 올챙이였다가 개구리가 되면서 몸집도 커져요. 하지만 거꾸로개구리는 이와 정반대랍니다. 올챙이일 때는 20㎝가 훌쩍 넘지만, 다 자라고 나면 5㎝ 남짓한 작은 개구리가 되거든요. 거꾸로개구리는 남아메리카의 연못이나 호수에 사는 신기한 친구예요. '거꾸로'라는 단어는 이 개구리의 학명인 '패러독스'에서 유래한 말인데, 역설, 그러니까 뒤집혔다는 뜻이지요.

ANIMAL'S SOCIAL LIVES

Ⅲ
너희 정말 부럽다 어릴 때부터 똥꼬가 있다니!

작은 육지 친구들

엄마 잎벌레는 알을 낳으면 재빨리 똥을 누어 알을 덮어요. 똥은 알을 보호하는 역할을 하지요.
이렇게 하는 이유는 기생벌을 피하기 위해서예요. 기생벌은 잎벌레의 알 위에 자신의 알을 낳아서, 잎벌레의 알에 빌붙어 살도록 하거든요.

너희 정말 부럽다. 어릴 때부터 똥꼬가 있다니!

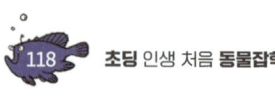

너만 알려줄게!

혹개미 사회는 뚜렷하게 역할이 나눠져 있어요. 새끼를 낳는 여왕개미, 여왕개미와 짝짓기 하는 수개미, 집을 짓고 먹이를 구하는 일개미, 그리고 집을 지키는 병정개미가 있지요. 병정개미의 몸과 머리는 아주 커요. 적이 쳐들어오면 그들은 큰 머리로 땅굴의 입구를 틀어막기도 하고, 때로는 뛰쳐나가 적을 공격하기도 해요. '병사 하나가 문을 지키면 천군만마도 공격할 수 없다'는 옛말이 떠오르네요.

너희 정말 부럽다. 어릴 때부터 똥꼬가 있다니!

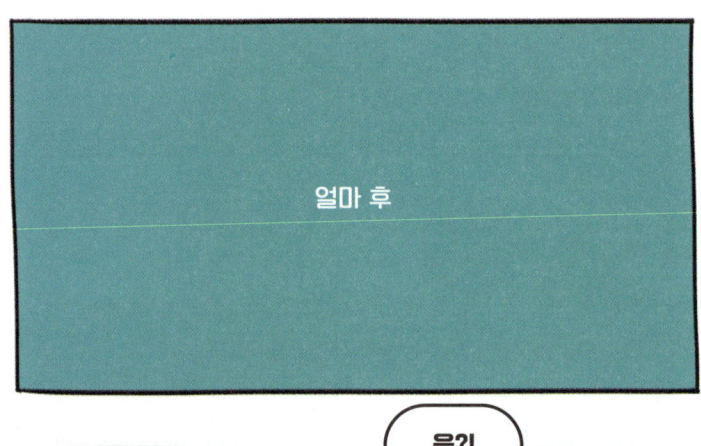

세상에는 피를 빨아먹는 동물이 참 많은데, 그중에서 유럽거머리만 이로운 일을 해요. 유럽거머리는 거머리의 한 종류로, 지렁이의 먼 친척이죠. 유럽거머리의 침에는 특수한 물질이 있어서 상처의 뭉친 피를 풀어주고 피가 굳는 걸 막아서 혈액순환이 잘 되게 도와요.

그래서 예전에는 성형외과 의사가 절단된 팔다리를 이식하는 수술을 할 때, 상처에 피가 맺히고 부어오르는 것을 막기 위해서 유럽거머리를 환자의 상처에 올려두고 실컷 피를 빨아먹게 두기도 했어요.

너희 정말 부럽다. 어릴 때부터 똥꼬가 있다니!

거품벌레는 항문으로 거품을 만들어 연막탄을 터뜨리는 곤충이에요.
적이 공격할 때, 거품 속으로 쏙 들어가면 무사히 위험한 순간을 넘길 수 있죠.
적에게 맞서 싸우지 못하면 차라리 코앞에서 꼭꼭 숨는 것도 하나의 비결이니까요.

흰개미의 똥은 두 종류예요. 하나는 딱딱하고 까만 진짜 똥이고, 다른 하나는 갈색의 동그란 모양인데 우리는 갈색 똥을 흰개미공이라고 부르지요. 흰개미공은 쓸모가 아주 많아요. 흰개미가 집을 지을 때도 쓰고, 흰개미버섯을 키울 때도 쓰거든요. 겨울이 되면 흰개미와 흰개미버섯이 열을 분출해서 집안 온도를 30℃로 유지하기 때문에, 사실 흰개미 집은 난방을 할 필요가 없답니다.

너희 정말 부럽다. 어릴 때부터 똥꼬가 있다니!

흰개미 II

갈고리가 없는 흰개미는 오스트레일리아 기생 흰개미의 한 종류예요. 이 흰개미는 스스로 굴을 파서 집을 짓는 대신, 다른 흰개미가 만들어둔 집에 살지요. 다른 흰개미가 지하 2층에 산다면, 이 흰개미는 지하 1층에 산답니다.

더 기막힌 사실은, 먹이를 직접 찾으러 다니는 것조차 귀찮아서 다른 흰개미가 집에 기껏 '장식해 둔' 나무 부스러기와 먼지가 섞인 흰개미 똥을 먹는다는 거예요. 그러니까 흰개미 집은 흰개미가 어지럽힌답니다.

'암내'가 나는 이 메뚜기는 미국 남동부에 살아요. 몸짓이 매우 느려서 날지 못할 뿐만 아니라, 심지어 잘 뛰지도 못하는 게으르고 둔한 친구예요. 이렇게 게으른 곤충이 활개를 치고 다닐 수 있는 이유는 뭘까요? 바로, 독이 든 거품을 뿜어서 곤충을 잡아 먹는 새나 도마뱀이 감히 건드릴 수 없기 때문이랍니다.

양심도 없는 누군가의 똥 무더기라고 생각했나요? 틀렸어요! 그 아래엔 벼잎벌레가 숨어있지요. 벼잎벌레는 식물을 먹고 사는 갑충(딱정벌레류)이에요. 벼잎벌레 유충이 등에 똥을 지고 다니는 건 위장하기 위한 거랍니다. 곤충학자들은 위장용 똥이 천적을 헷갈리게 만들어서, 벼잎벌레가 죽음의 위기에서 벗어난다고 말해요.

너희 정말 부럽다. 어릴 때부터 똥꼬가 있다니!

남생이잎벌레 유충은 방어력을 높이기 위해서 자신의 똥을 긁어모아 방패를 만들어요. 엉덩이에는 똥 방패를 단단히 고정할 수 있는 포크같이 생긴 꼬리도 있어요.
적이 공격하면 방패로 막아낼 뿐 아니라 똥 방패를 휘두르며 공격할 수도 있답니다.

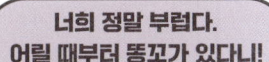

개미귀신은 명주잠자리의 유충이에요. 항문이 없어서 배변활동을 할 수 없지요. 자라서 고치를 깨고 성충이 되어야 항문이 생기고 쾌변의 기쁨을 누릴 수 있어요.

왕네발나비 유충은 예술적 감각을 타고났어요.
배변 후에는 아무렇게나 버리지 않고, 똥으로 자신을 닮은 모형을 만들거든요.
곤충학자들은 이 모형이 위급한 순간에 자신의 모습을 대신할 수 있는 용도로 쓰인다고 확신하고 있답니다.

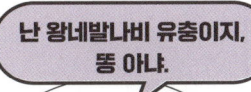

너희 정말 부럽다. 어릴 때부터 똥꼬가 있다니!

주기매미의 수명은 10여 년이지만, 살아있는 대부분의 시간을 땅속에서 유충 형태로 보내며 나무뿌리 수액을 섭취해요.
겨우 땅 위로 나와 새로운 삶을 시작하려 할 때면, 살 날은 이미 몇 주밖에 남지 않은 상태랍니다.
그동안 날개 돋은 어른 매미가 되어 사랑을 나눈 다음 알까지 낳으려면 서두르는 수밖에 없어요.

매미의 삶은 너무나도 짧구나!

왕누에나방

왕누에나방은 성충이 되면 구강 기관이 퇴화되어 물만 겨우 마실 수 있어요. 어릴 때 입으로 밥을 먹던 시절을 그리워할 만하죠. 어린 시절에만 식물의 잎을 먹을 기회가 있는 거니까요.

너희 정말 부럽다. 어릴 때부터 똥꼬가 있다니!

Animal's Secret 너만 알려줄게!

혹잎벌레는 알에서 깨어난 후에도 몸은 엄마가 특별히 대변으로 만든 요람 속에 파묻은 채 머리만 살짝 밖으로 내밀고 있어요. 유충은 날마다 자라면서 자신의 대변으로 열심히 요람을 키워서 마침내 휴대용 강철 갑옷으로 만들어 내지요.

너희 정말 부럽다. 어릴 때부터 똥꼬가 있다니!

너만 알려줄게!

사실, 나는 연기 천재야.

수많은 동물들은 뱀을 두려워해요. 바로 이 점을 노려, 많은 나방의 애벌레 등에는 마치 눈처럼 보이는 커다란 얼룩무늬 두 개가 그려져 있지요.
만약 위험한 상황이 오면 상체를 들어 올려 그 무늬를 천적에게 보여준답니다. 그러면 천적은 뱀이라고 착각해서 감히 잡아먹을 엄두를 못 내는 거죠.

너희 정말 부럽다. 어릴 때부터 똥꼬가 있다니!

버섯 균을 재배하는 거대흰개미는 소화능력이 아주 부족해요. 건초나 썩은 나무, 마른 나뭇가지와 낙엽을 먹은 다음에 반쯤 소화된 똥 덩어리를 배출하지요. 그러고는 집안에 식물원을 하나 만들어서 이 똥 덩어리를 비료 삼아, 먹이로 삼을 버섯을 정성껏 키워내지요. 이 버섯은 나중에 훌륭한 식량이 된답니다. 몸에 좋기로 유명한 계종버섯도 거대흰개미가 키워낸 버섯 중 하나예요.

진딧물은 매일 엄청난 식물의 수액을 마셔서 몸속의 질소를 보충해요. 수액을 많이 마실수록, 배설물도 많아지겠죠?
하지만 진딧물이 배설하는 건 구린내 폴폴 나는 똥이 아니라 꿀처럼 달콤한 액체예요. 진딧물을 집에서 직접 키우는 개미도 있는데, 입이 심심할 때마다 진딧물의 엉덩이에 입을 갖다 대면 순수한 무첨가 음료수를 맛볼 수 있답니다.

너희 정말 부럽다. 어릴 때부터 똥꼬가 있다니!

사시나무나사혹진딧물은 사시나무 잎에 나사 모양으로 꽁꽁 묶은 주머니처럼 생긴 벌레혹을 만드는데, 바로 사시나무나사혹진딧물이 사는 집이랍니다.
배불리 먹고 나면, 사시나무나사혹진딧물은 주머니집에서 투명한 구슬을 하나 끄집어 내요. 안쪽에는 달콤한 액체가 들어있고, 바깥쪽은 밀랍으로 만들어서 잎사귀 위에서 굴려도 깨지지 않아요.
배설물이 집안에 꽉 차는 불상사를 막기 위해서, 주머니집을 물어뜯어 구멍을 낸 후 구슬을 구멍 밖으로 차버리는 전담 진딧물을 따로 배치한답니다.

너희 정말 부럽다. 어릴 때부터 똥꼬가 있다니!

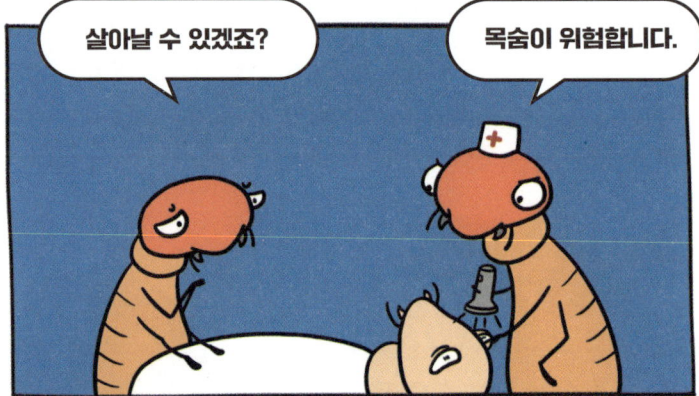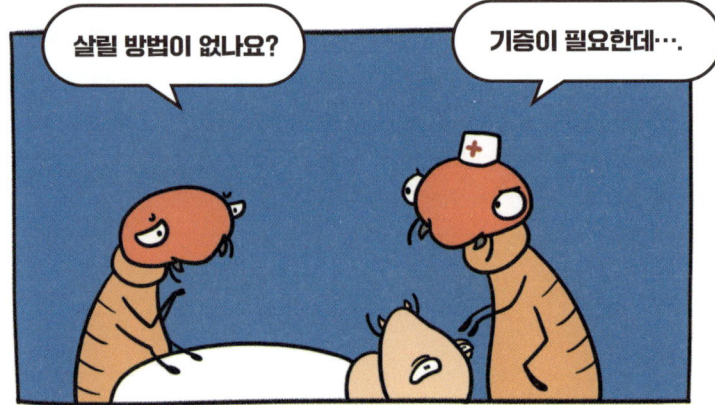

데클레비스흰개미는 흰개미 중에서도 하등에 속해요. 우리가 흔히 말하는 흰개미와는 다르게, 데클레비스흰개미는 구조가 복잡한 식물은 잘 소화하지 못하고 나무와 풀만 겨우 소화할 수 있어요. 게다가 어린 데클레비스흰개미는 어른 흰개미의 엉덩이를 쭉 빨아들여 장 속에 살아 숨 쉬는 '조상 대대로 전해진' 각종 미생물(예를 들면 편모충)을 흡입해야 그나마 나뭇조각을 소화할 수 있답니다.

너희 정말 부럽다. 어릴 때부터 똥꼬가 있다니!

양집게벌레는 농업에 막대한 피해를 주는 해충이에요. 과학자들은 양집게벌레의 새끼는 평소에 같은 무리의 똥을 조금씩 먹는다는 사실을 발견했어요. 식량이 부족할 때 형제자매의 똥을 먹으면 생존율이 엄청 높아지거든요. 하지만 슬프게도 다 큰 양집게벌레의 똥은 생존율을 높이는 효과가 전혀 없어요.

너희 정말 부럽다. 어릴 때부터 똥꼬가 있다니!

암컷 양집게벌레는 알을 낳으면 몇 달 동안 애벌레를 돌봐요. 그동안 양집게벌레 엄마와 애벌레는 집 안에 똥을 쌀뿐만 아니라 그 똥을 온 사방에 묻히지요. 과학자들은 양집게벌레 똥이 항균 작용을 한다는 사실을 발견했어요. 그러니까 집에 '똥을 칠하는 일'은 마치 사람이 병원에서 소독약을 뿌리는 것과 같은 거예요. 한마디로 청소를 하는 거죠.

너희 정말 부럽다. 어릴 때부터 똥꼬가 있다니!

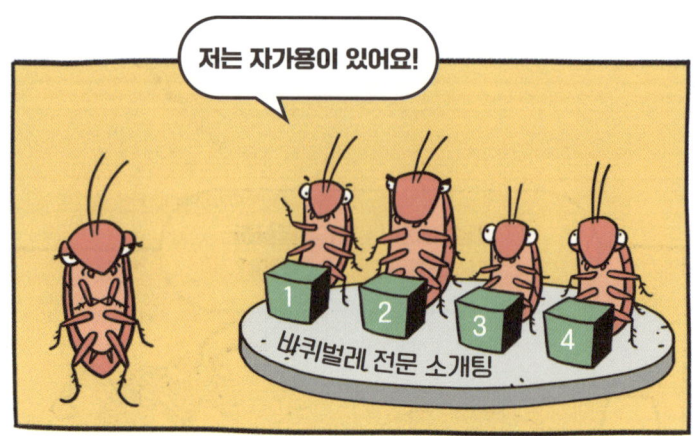
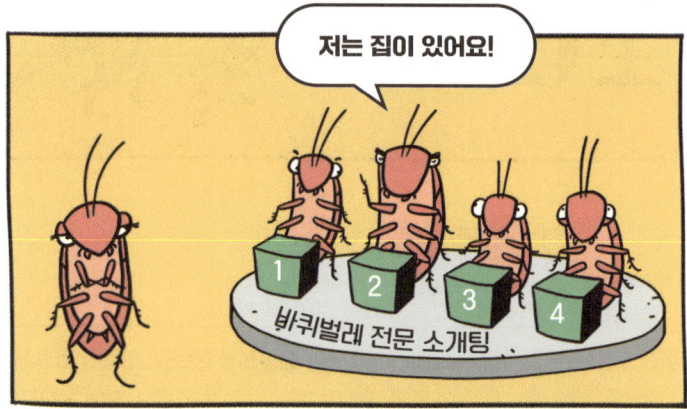
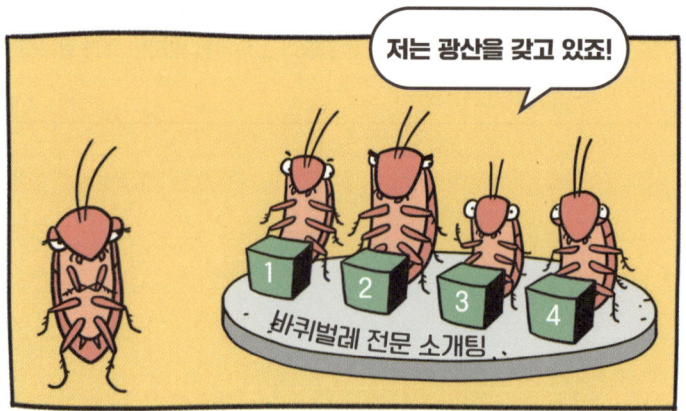

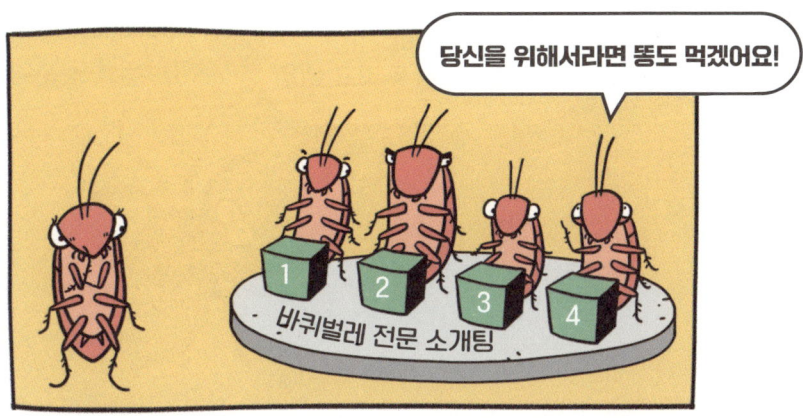

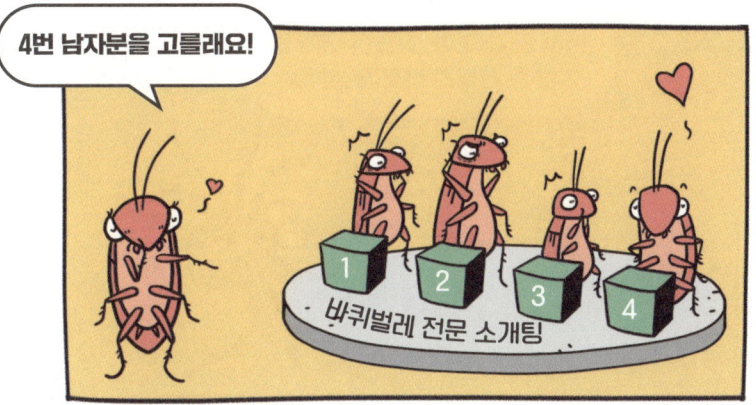

너만 알려줄게!

코스타리카의 열대 우림에는 똥 먹는 것을 좋아하는 바퀴벌레가 살아요. 갈고리바퀴벌레라고 부르는 친구지요. 수컷은 엉덩이 근처의 분비샘을 통해 질소가 풍부한 요산을 분비해서 따끈따끈할 때 암컷이 먹고 영양분을 섭취하도록 해 줘요. 그래야 암컷이 더 건강한 알을 낳을 테니까요. 요산을 얻기 위해서, 수컷 바퀴벌레는 종종 새와 파충류의 똥을 먹기도 한답니다.

붉은등과부거미는 맹독을 품고 있어요. 우리가 잘 아는 '블랙 위도우'라는 이름도 있지요. 암컷 붉은등과부거미는 영양분을 섭취하기 위해 자기 남편을 잡아먹어요. 그래야 새끼들이 튼튼하게 살아갈 확률이 높아지기 때문이죠.

지렁이는 자웅동체인 동물 중 하나이며, 다른 지렁이와 교배를 해요. 그래서 가족관계가 조금 복잡한 편이지요. 예를 들어서, 민수 지렁이와 영희 지렁이가 짝짓기를 한 다음에 각자 알을 낳아 새끼를 부화한다고 생각해 볼까요. 그러면 민수는 자신이 낳은 새끼의 엄마이자, 영희가 낳은 새끼의 아빠가 되는 거랍니다.

꿀벌 유충

벌집을 깨끗하게 유지하기 위해서, 수많은 꿀벌의 유충들은 배변을 하지 않고 참아요. 그게 가능하냐고요? 사실 꿀벌 유충들은 장이 선천적으로 둘로 나뉘어 있어서, 변이 아예 몸 밖으로 나올 수 없는 구조거든요. 유충이 자라서 번데기가 되려고 할 때만 끊어졌던 내장이 연결되어 며칠 동안 참았던 묵은 변을 내보낼 수 있어요.

너희 정말 부럽다. 어릴 때부터 똥꼬가 있다니!

 내가 바로 다산의 상징이야!

군대개미의 여왕개미는 출산의 대가랍니다. 한 달 동안 300~400만 개의 알을 낳을 수 있어요. 군대개미는 아마존강 유역에 살고 있지요. 그렇지만 한 보금자리에서만 머무르며 살지 않고, 군대처럼 밀집된 형태를 갖추며 계속 앞으로 이동하기 때문에 군대개미라고 불러요.

ANIMAL'S SOCIAL LIVES

IV
자신 있으면
잡아먹어 봐!

날개 달린 친구들

참나무딱따구리

참나무딱따구리는 북아메리카와 중앙아메리카에 살아요. 주로 곤충을 먹지만, 참나무 열매인 도토리도 딱따구리의 먹이지요. 도토리가 익는 계절이 오면, 딱따구리는 온 가족이 함께 고목 몸통에 구멍을 내고 구멍마다 도토리를 하나씩 넣어두죠. 하지만 도토리가 너무 많아서 고목에 더 이상 구멍을 뚫을 자리가 없다면? 이때는 전봇대나 통나무집처럼 사람들이 만들어둔 구조물에도 구멍을 뚫는답니다.

내 수집벽은 불치병이야!

호아친은 온몸에서 갓 싼 쇠똥 같은 악취를 풍겨요. 그래서 천적들은 호아친의 새끼만 잡아먹죠. 다 큰 호아친은 도저히 먹을 수 없거든요. 호아친은 남아메리카에 살면서 평소 나뭇잎을 즐겨 먹어요. 하지만 나뭇잎은 소화가 잘 안 되기 때문에 소와 양처럼 장 속에 있는 미생물이 소화를 돕죠. 호아친이 먹은 나뭇잎이 미생물을 거치며 발효가 되어 악취가 나는 거예요.

자신 있으면 잡아먹어 봐!

새끼 호아친

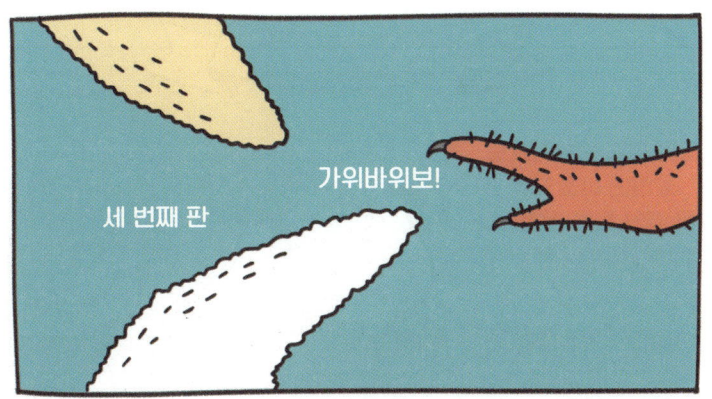

갓 태어난 새끼 호아친의 각 날개에는 발톱이 두 개씩 있어요. 만약 실수로 강물에 빠져도, 발이 움켜쥐는 힘으로 구불구불한 나뭇가지를 잡고 스스로 기어올라오지요.
다 자라고 나면, 발톱은 저절로 사라져요. 과학자들은 호아친이 먼 옛날의 생태계를 보여주는 '살아있는 화석'이라고 여긴답니다. 호아친의 친척은 전부 6500만 년 전에 공룡과 함께 멸종됐거든요.

비둘기는 지구의 자기장을 이용해서 방향을 구분할 수 있어요. 과학자들이 비둘기를 몇십 킬로미터 떨어진 곳에 데려간 다음, 비둘기 몸에 막대자석을 묶어 날리는 실험을 했더니 집으로 가는 길을 찾지 못했어요. 그냥 뒀으면 알아서 찾아갔을 텐데 말이죠.

새들은 한 쪽 눈을 감고 자면서 다른 한 눈은 동그랗게 뜬 채 주변의 작은 움직임을 관찰해요. 이렇게 자면 너무 깊이 잠들어서 잡아먹힐 위험에서 벗어나면서도 적당히 쉴 수 있거든요. 이때, 새들의 뇌에 있는 두 개의 반구도 번갈아가며 휴식을 취해요. 이를 단일반구서파수면(USWS)이라고 합니다.

때로는 눈감아 줄 줄도 알아야지

알바트로스

알바트로스의 위에는 기름이 가득 저장돼 있어요. 천적과 마주치면 그 기름을 뱉는데, 이때 천적의 깃털은 방수 기능을 잃게 돼요. 알바트로스의 위는 신기하게도 음식물에서 기름을 따로 저장할 수 있는데, 이 기름을 에너지로 쓰기도 해요.

Animal's Secret 너만 알려줄게!

조류는 매운 맛을 느끼지 못해요. 고추의 매운 맛은 캡사이신이라는 화학성분 때문인데요, 이런 화학성분은 포유류의 통각을 자극해서 입안에 '아픈 느낌'을 들게 하죠. 바로 우리가 말하는 매운 맛이에요. 하지만 조류에게는 캡사이신으로 고통을 느낄 수 있는 감각기관이 전혀 없답니다.

나보다 매운 거 잘 먹어?

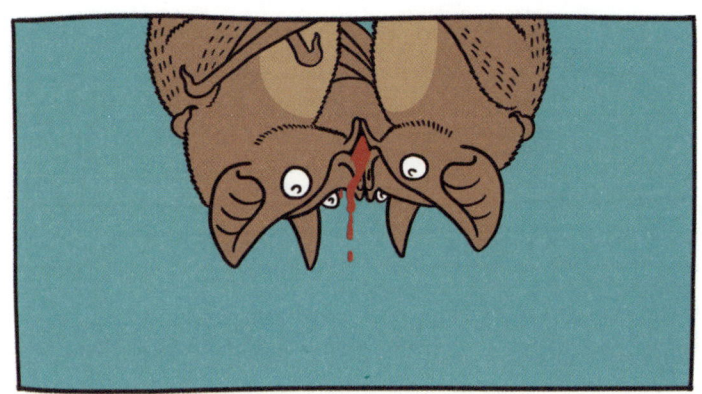

Animal's Secret 너만 알려줄게!

흡혈박쥐는 무리를 지어 산속 동굴에서 살아요. 배불리 피를 먹은 박쥐는 동굴로 돌아온 다음, 자신이 먹은 피를 토해 내서 피를 먹지 못해 배고픈 다른 박쥐가 굶어 죽지 않도록 나눠주지요. 자신의 가족이든 아니든 말이에요. 물론 얻어먹은 박쥐는 고마워할 줄 안답니다.
다음번에 나가서 배불리 먹고 돌아오면, 생명의 은인에게 잊지 않고 보답을 하거든요.

응, 오늘은 O형 피야.

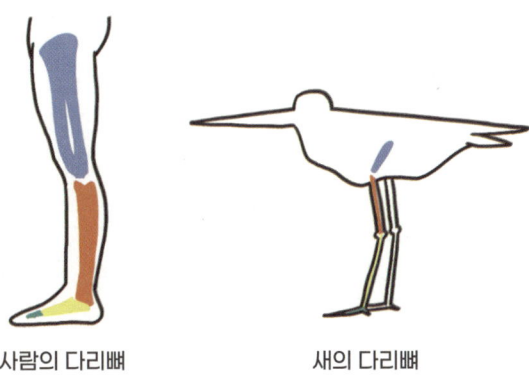

사람의 다리뼈   새의 다리뼈

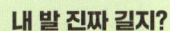

발이 기다란 이 새는 장다리물떼새라고 해요. 쉴 때는 무릎이 앞으로 꺾여서 마치 다리가 부러진 것처럼 보이죠. 사실 '무릎'이라고 잘못 알려진 관절은 바로 '발뒤꿈치'랍니다. 모든 새는 장다리물떼새처럼 걸을 때면 발끝을 세우고 '발뒤꿈치'를 공중에 띄워요.

군함조는 열흘 내내 바다 위를 날 수 있어요. 심지어 잠을 자면서도 날 수 있다는 사실을 과학자들이 발견했지요. 비행을 할 때면 뇌의 절반은 잠들고, 다른 반쪽 뇌는 또렷하게 깨어 있어요. 가끔은 아예 양쪽 뇌 반구가 모두 잠들기도 한답니다. 하지만 군함조가 내내 하늘을 날며 잠을 자는 시간을 다 합쳐도 겨우 40분밖에 되지 않아요. 이는 육지에서 잠드는 시간에 비하면 훨씬 짧지요.

벌새는 꽃의 꿀을 즐겨먹지만, 꽃꿀은 대부분 물로 이루어져 있죠. 그래서 벌새는 매일 자기 몸의 2~3배쯤 되는 꿀을 먹어야 정상적으로 영양소를 흡수할 수 있어요.

많이 마시면, 그만큼 소변도 많이 보겠지요. 주목할 점은, 모든 새들은 방광이 없어서 소변을 바로 배출하지 못한다는 거예요. 대신 신장에서 만들어진 소변을 대변에 섞어서 항문을 통해 배출하지요.

황제펭귄 I

모든 황제펭귄은 아빠 덕에 알에서 깨어나요. 부화하려면 두 달도 넘는 시간이 걸리지요. 새끼가 알에서 깨어나는 동안 엄마 펭귄은 해빙을 따라 100킬로미터도 넘는 바다에 뛰어들어 물고기며 새우를 가득 먹어요. 아기 펭귄이 알을 깨고 나올 때쯤이면, 엄마 펭귄은 다시 나흘 동안 해빙을 타고 서둘러 아기 곁으로 돌아가지요. 그러고는 위에 가득한 물고기와 새우를 토해내어 아기에게 먹인답니다.

남극에 겨울이 찾아오면, 황제펭귄들은 가능한 한 몸을 웅크리고 서로 빽빽이 기대곤 해요. 그러면 얼음과 눈에 닿는 신체 면적이 줄어들거든요.
황제펭귄들의 이런 행동을 '허들링'이라고 해요.
가로 세로 1미터 정도 되는 공간에 수십 마리가 모여서 허들링을 하지요.

대머리 원숭이, 대머리 황새, 대머리 매는 정말 머리털이 없지만, 대머리 독수리는 사실 대머리가 아니에요. 대머리 독수리의 정확한 이름은 '흰머리수리'거든요. 머리 위에 흰 머리카락이 한줌 있어서, 고대 영어로는 'piebald eagle'이라고 불렀는데, 흑백 얼룩무늬가 있는 독수리라는 뜻이에요. 하지만 언제부턴가 영어 이름이 'bald eagle'로 바뀌었는데, 번역하면 대머리 독수리라는 뜻이지요.

산쑥들꿩

예쁜 언니야, 연락처 좀 줄래?

Animal's Secret 너만 알려줄게!

엄청 크지?

산쑥들꿩은 북아메리카 지역에 살아요. 수컷 산쑥들꿩은 목에 노란 공기주머니 한 쌍이 달려 있어요. 짝짓기 철이 다가오면 수컷은 이 공기주머니를 볼록하게 만든 다음 날개로 받쳐 올렸다가 힘껏 떨어뜨리죠. 이는 바로 암컷의 환심을 사기 위한 행동이랍니다.

수많은 새들과 마찬가지로 원앙 역시 암수의 구별이 뚜렷해요. 하지만 암수의 차이가 사람들과는 정반대예요. 깃털 색이 곱고 화려한 모습을 한 예쁜 원앙은 모두 수컷이거든요. 이와 반대로 어떤 원앙은 기가 푹 죽은 모습이 마치 산골짜기에서 갓 내려온 것처럼 촌스러운데, 그런 모습을 한 원앙들은 암컷이랍니다.

새는 겉모습으론 판단할 수 없지

쟤 말이 맞아

붉은다리파트리지가 소개팅에서 인기를 끌었던 이유는 눈가가 다른 새에 비해 더 불그스름하기 때문이에요. 이 새는 발과 부리, 그리고 눈가에 카로틴이 풍부해서 화려한 빨간색을 뽐내거든요. 카로틴은 당근에 아주 많이 들어있어요. 그리고 수컷이 암컷보다 훨씬 아름답고요. 붉은다리파트리지가 짝을 찾을 때는 '얼마나 빨간지'가 중요한 기준이 된답니다.

번식철이 다가올 때마다, 수많은 민물가마우지의 머리와 목 부분에 흰 깃털이 자라나요. 멀리서 바라보면 꼭 하룻밤 새에 흰 머리카락이 자란 것처럼 보이지요.

붉은어깨검정새가 짝을 찾는 기준은 사람과 비슷한 면이 있어요. 잘생겼다든지, 매너가 좋다든지, 세력이 크다든지, 가정적이든지 한 것 말이에요.
만약 위의 조건에 맞는 게 없다면 어쩌죠? 괜찮아요, 환경 미화만 잘 해도 암컷의 사랑을 얼마든지 받을 수 있거든요. 주변에 식물이 풍부할수록, 둥지를 숨기기가 더 쉬우니까요. 그러면 신혼부부가 아기 새를 안전하게 키우기에도 더없이 좋은 환경이 될 테고요.

과학자들은 진작부터 염주비둘기를 관찰하면서 재미있는 사실을 발견했어요. 일단 염주비둘기 주변에 있던 암컷을 모두 다른 곳으로 옮겨서 수컷들을 외롭게 만들었지요. 그랬더니 수컷들이 흰비둘기에게도 구애를 하고, 집비둘기 표본과 옷 뭉치에도 사랑을 표시했답니다. 결국 마지막에는 우리 안에 텅 빈 모서리에 대고 구애를 했다고 해요.

거기 아가씨, 이리 좀 와 봐요!

이집트대머리수리

이집트대머리수리는 수컷의 얼굴이 주황색을 띠면 띨수록, 암컷에게 더 많은 사랑을 받아요. 이집트대머리수리는 소와 양의 똥을 먹는데, 그 속에 카로틴 성분이 들어있거든요. 그 덕분에 더 매력적으로 보일 뿐 아니라 기생충 저항력이 높아져서 위장도 튼튼해질 수 있지요.

무덤새는 칠면조와 비슷하게 생겼는데, 주로 오스트레일리아에서 볼 수 있어요. 번식할 때가 되면, 수컷 무덤새는 여기저기에서 마른 나뭇가지와 낙엽을 긁어모으고, 아무도 탐내지 않을 이 지저분한 것들을 쓰레기로 덮어 커다란 쓰레기 무덤을 만들어요. 그러고 나면 암컷 무덤새가 그 쓰레기 더미 속에 알을 낳고 멀리 떠나 버리죠.
수컷 무덤새가 아빠가 되려면, 쓰레기가 썩으면서 생기는 열을 이용해서 알이 스스로 깨어나는 것을 도와야 한답니다.

코뿔새가 아이를 낳는 과정은 사람들의 전통적인 '산후조리'와 닮은 점이 많아요. 먼저, 엄마 새는 보금자리에 아주 작은 틈만 남겨 두고 몸을 꽁꽁 숨긴 다음 알을 낳아요. 아기 새가 알에서 깨어나면, 아빠 새는 바깥에서 열심히 먹이를 구해와서 엄마 새가 남겨 둔 작은 틈을 통해 엄마와 아기 새에게 먹이를 전해 주지요. 이러한 행동은 70일 가까이 이어진답니다.

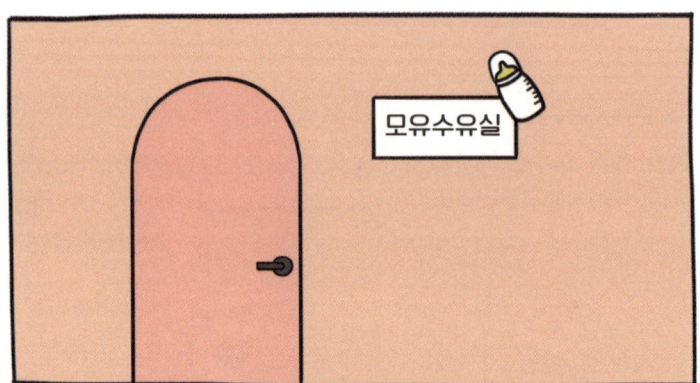

세상의 수많은 포유류 중 적어도 두 종류의 동물만큼은 아빠도 젖을 먹일 수 있어요. 하나는 말레이시아의 다약과일박쥐고, 다른 하나는 파푸아뉴기니에 사는 가면날여우박쥐랍니다. 하지만 과학자들은 이 아빠 박쥐들이 정말로 새끼에게 젖을 먹이는지는 확실하지 않다네요.

나야말로 진정한 아빠지.

참고문헌

가짜청소고기	Randall J E. A review of mimicry in marine fishes[J]. Zoological Studies, 2005, 44(3): 299-328.
갈고리바퀴벌레	갈고리바퀴벌레(162) Schal C & W J Bell. Ecological correlates of paternal investment of urates in a tropical cockroach. Science. 1982; 218: 170-173.
개미귀신	Pacheco C A, Alevi K C C, Ravazi A, et al. Malpighian tubule, an essential organ for insects[J]. Entomology, Ornithology & Herpetology, 2014.
거대흰개미	Abe T, Bignell D E, Higashi M. Termites: evolution, sociality, symbioses, ecology[M]. Springer Science & Business Media, 2000.
거북복	Alderton D. Encyclopedia of aquarium & pond fish[M]. Penguin, 2008.
거품벌레	1.Eisner T, Eisner M. Defensive use of a fecal thatch by a beetle larva (Hemisphaerota cyanea)[J]. Proceedings of the National Academy of Sciences, 2000, 97(6): 2632-2636. 2.Weiss M R. Defecation behavior and ecology of insects[J]. Annu. Rev. Entomol., 2006, 51: 635-661."
검은꼬리프레리독	Eltorai A, Sussman R. Social Behavior of Captive Black-Tailed Prairie Dogs (Mammalia, Rodentia) with Changing Numbers of Observers[J]. Vestnik Zoologii, 2011, 45(2): e-25-e-32.
고라니	Clutton-Brock T H, Albon S D. The roaring of red deer and the evolution of honest advertisement[J]. Behaviour, 1979, 69(3-4): 145-170.
군대개미	Gotwald, William H., Jr. Social Insects [M]. 1982: 157-254.
군함조	Rattenborg N C, Voirin B, Cruz S M, et al. Evidence that birds sleep in mid-flight[J]. Nature communications, 2016, 7: 12468.
그랜트황금두더지	Mason M J, Narins P M. Seismic sensitivity in the desert golden mole (Eremitalpa granti): a review[J]. Journal of Comparative Psychology, 2002, 116(2): 158.
꿀벌 유충	Weiss M R. Defecation behavior and ecology of insects[J]. Annu. Rev. Entomol., 2006, 51: 635-661.
나무늘보	Gilmore D P, Da Costa C P, Duarte D P F. Sloth biology: an update on their physiological ecology, behavior and role as vectors of arthropods and arboviruses[J]. Brazilian Journal of Medical and Biological Research, 2001, 34(1): 9-25.
나사뿔영양	Leuthold W. African ungulates: a comparative review of their ethology and behavioral ecology[M]. Springer Science & Business Media, 2012.
남생이잎벌레유충	1.Eisner T, Eisner M. Defensive use of a fecal thatch by a beetle larva (Hemisphaerota cyanea)[J]. Proceedings of the National Academy of Sciences, 2000, 97(6): 2632-2636. 2.Weiss M R. Defecation behavior and ecology of insects[J]. Annu. Rev. Entomol., 2006, 51: 635-661.

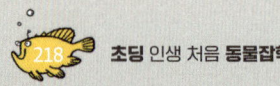

노블피그미개구리	1. Campos-Arceiz A. Shit happens (to be useful)! Use of elephant dung as habitat by amphibians[J]. Biotropica, 2009, 41(4): 406-407. 2. Pringle R M. Elephants as agents of habitat creation for small vertebrates at the patch scale[J]. Ecology, 2008, 89(1): 26-33.
누	1. Holdo R M, Fryxell J M, Sinclair A R E, et al. Predicted impact of barriers to migration on the Serengeti wildebeest population[J]. PloS one, 2011, 6(1). 2. ESTES R D. The significance of breeding synchrony in the wildebeest[J]. African Journal of Ecology, 1976, 14(2): 135-152.
다약과일박쥐	1. Kunz T H, Hosken D J. Male lactation: why, why not and is it care?[J]. Trends in ecology & evolution, 2009, 24(2): 80-85. 2. Crichton E G, Krutzsch P H. Reproductive biology of bats[M]. Academic Press, 2000.
데클레비스흰개미	1. Weiss M R. Defecation behavior and ecology of insects[J]. Annu. Rev. Entomol., 2006, 51: 635-661. 2. Nalepa C A, Bignell D E, Bandi C. Detritivory, coprophagy, and the evolution of digestive mutualisms in Dictyoptera[J]. Insectes Sociaux, 2001, 48(3): 194-201. 3. Krishna K, Weesner F M. Biology of termites. Volume 1[J]. Biology of termites. Volume 1., 1969.
도깨비도마뱀	Comanns P, Esser F J, Kappel P H, et al. Adsorption and movement of water by skin of the Australian thorny devil (Agamidae: Moloch horridus)[J]. Royal Society open science, 2017, 4(9): 170591.
돼지(암퇘지)	1. Patel S. Food, health and agricultural importance of truffles: a review of current scientific literature[J]. Current Trends in Biotechnology and Pharmacy, 2012, 6(1): 15-27. 2. Claus R, Hoppen H O, Karg H. The secret of truffles: A steroidal pheromone?[J]. Experientia, 1981, 37(11): 1178-1179.
말코손바닥사슴(엘크)	Miquelle D G. Are moose mice? The function of scent urination in moose[J]. The American Naturalist, 1991, 138(2): 460-477.
모래쥐	Dagg A I, Windsor D E. Olfactory discrimination limits in gerbils[J]. Canadian Journal of Zoology, 1971, 49(3): 283-285.
무덤새	Birks S M. Paternity in the Australian brush-turkey, Alectura lathami, a megapode bird with uniparental male care[J]. Behavioral Ecology, 1997, 8(5): 560-568.
문어	1. Hanlon R. Cephalopod dynamic camouflage[J]. Current Biology, 2007, 17(11): R400-R404. 2. Allen J J, Bell G R R, Kuzirian A M, et al. Comparative morphology of changeable skin papillae in octopus and cuttlefish[J]. Journal of Morphology, 2014, 275(4): 371-390. Norman M D, Finn J, Tregenza T. Dynamic mimicry in an Indo-Malayan octopus[J]. Proceedings of the Royal Society of London. Series B: Biological Sciences, 2001, 268(1478): 1755-1758.
미동부메뚜기	1. Whitman D W, Jones C G, Blum M S. Defensive secretion production in lubber grasshoppers (Orthoptera: Romaleidae): influence of age, sex, diet, and discharge frequency[J]. Annals of the Entomological Society of America, 1992, 85(1): 96-102. 2. Yosef R, Whitman D W. Predator exaptations and defensive adaptations in evolutionary balance: no defence is perfect[J]. Evolutionary Ecology, 1992, 6(6): 527-536.

민물가마우지	장수먀오. 우수리강 일반 민물가마우지(Phalacrocorax carbo)의 번식 생태 연구[D]. 하얼빈: 동북임업대학교, 2005
바다표범	Mirceta S, Signore A V, Burns J M, et al. Evolution of mammalian diving capacity traced by myoglobin net surface charge[J]. Science, 2013, 340(6138): 1234192.
바비루사	Macdonald A, Leus K, Hoare H. Maxillary canine tooth growth in babirusa (genus Babyrousa)[J]. Journal of Zoo and Aquarium Research, 2016, 4(1): 22-29.
바퀴벌레	Silverman J, Vitale G L, Shapas T J. Hydramethylnon uptake by Blattella germanica (Orthoptera: Blattellidae) by coprophagy[J]. Journal of economic entomology, 1991, 84(1): 176-180.
백상아리, 기린, 산개구리와 집비둘기	1.Costanzo J P, Lee R E, Lortz P H. Glucose concentration regulates freeze tolerance in the wood frog Rana sylvatica[J]. Journal of Experimental Biology, 1993, 181(1): 245-255. 2.Zhang Q G. Hypertension and counter-hypertension mechanisms in giraffes[J]. Cardiovascular & Haematological Disorders-Drug Targets (Formerly Current Drug Targets-Cardiovascular & Hematological Disorders), 2006, 6(1): 63-67. 3.Del Raye, Gen, et al. Travelling light: white sharks (Carcharodon carcharias) rely on body lipid stores to power ocean-basin scale migration[J]. Proceedings of the Royal Society B: Biological Sciences 280.1766 (2013): 20130836.
벌새	McWhorter T J, del Rio C M. Food ingestion and water turnover in hummingbirds: how much dietary water is absorbed?[J]. Journal of Experimental Biology, 1999, 202(20): 2851-2858.
벼잎벌레	Weiss M R. Defecation behavior and ecology of insects[J]. Annu. Rev. Entomol., 2006, 51: 635-661.
불곰	1.Nelson R A, Folk Jr G E, Pfeiffer E W, et al. Behavior, biochemistry, and hibernation in black, grizzly, and polar bears[J]. Bears: their biology and management, 1983: 284-290. 2.Tien , Blake J, Edgar D M, et al. Hibernation in black bears: independence of metabolic suppression from body temperature[J]. Science, 2011, 331(6019): 906-909.
붉은다리파트리지	Pérez-Rodríguez L, Viuela J. Carotenoid-based bill and eye ring coloration as honest signals of condition: an experimental test in the red-legged partridge (Alectoris rufa)[J]. Naturwissenschaften, 2008, 95(9): 821.
붉은등과부거미	Gage M J G. Evolution: sex and cannibalism in redback spiders[J]. Current biology, 2005, 15(16): R630-R632.
붉은어깨검정새	1.Yasukawa K. Male quality and female choice of mate in the red-winged blackbird (Agelaius phoeniceus)[J]. Ecology, 1981, 62(4): 922-929. 2.상옥창. 행위생태학[M].베이징: 베이징대학출판사, 2010:91.
블랙스왈로워	Melo M R S. Revision of the genus Chiasmodon (Acanthomorpha: Chiasmodontidae), with the description of two new species[J]. Copeia, 2009, 2009(3): 583-608.
비버	Burdock G A. Safety assessment of castoreum extract as a food ingredient[J]. International journal of toxicology, 2007, 26(1): 51-55.
사시나무나사혹진딧물	1.Weiss M R. Defecation behavior and ecology of insects[J]. Annu. Rev. Entomol., 2006, 51: 635-661. 2.Pike N, Foster W. Fortress repair in the social aphid species Pemphigus spyrothecae[J]. Animal Behaviour, 2004, 67(5): 909-914.

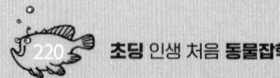

산미치광이	Mori E, Maggini I, Menchetti M. When quills kill: the defense strategy of the crested porcupine Hystrix cristata L., 1758[J]. 2014.
산쑥들꿩	Wiley R H. The lek mating system of the Sage Grouse[J]. Scientific American, 1978, 238(5): 114-125.
쇠향고래	1.Scott M D, Cordaro J G. Behavioral observations of the dwarf sperm whale, Kogia simus[J]. Marine Mammal Science, 1987, 3(4): 353-354. 2.Pln S. The status and natural history of pygmy (Kogia breviceps) and dwarf (K. sima) sperm whales off Southern Africa[D]. Rhodes University, 2004.
심해아귀	Vollrath F. Dwarf males[J]. Trends in Ecology & Evolution, 1998, 13(4): 159-163.
아나바스	Graham J B. Air-breathing fishes: evolution, diversity, and adaptation[M]. Elsevier, 1997.
아름다운지느러미돔	Koblmüller S, Duftner N, Sefc K M, et al. Reticulate phylogeny of gastropod-shell-breeding cichlids from Lake Tanganyika-the result of repeated introgressive hybridization[J]. BMC Evolutionary Biology, 2007, 7(1): 7.
아이다호 땅다람쥐	Sherman P W. Mate guarding as paternity insurance in Idaho ground squirrels[J]. Nature, 1989, 338(6214): 418-420.
아일랜드 큰뿔사슴	Moen R A, Pastor J, Cohen Y. Antler growth and extinction of Irish elk[J]. Evolutionary Ecology Research, 1999, 1(2): 235-249.
안경원숭이	1.Jablonski N G, Crompton R H. Feeding behavior, mastication, and tooth wear in the western tarsier (Tarsius bancanus)[J]. International Journal of Primatology, 1994, 15(1): 29-59. 2.Collins C E, Hendrickson A, Kaas J H. Overview of the visual system of Tarsius[J]. The Anatomical Record Part A: Discoveries in Molecular, Cellular, and Evolutionary Biology: An Official Publication of the American Association of Anatomists, 2005, 287(1): 1013-1025.
알바트로스	1.Warham J. The incidence, functions and ecological significance of petrel stomach oils[C]//Proceedings (New Zealand Ecological Society). New Zealand Ecological Society (Inc.), 1977: 84-93. 2.Dewar M L, Arnould J P Y, Krause L, et al. Interspecific variations in the faecal microbiota of Procellariiform seabirds[J]. FEMS microbiology ecology, 2014, 89(1): 47-55.
양집게벌레	Diehl J M C, Krner M, Pietsch M, et al. Feces production as a form of social immunity in an insect with facultative maternal care[J]. BMC evolutionary biology, 2015, 15(1): 40. Krner M, Diehl J M C, Meunier J. Growing up with feces: benefits of allo-coprophagy in families of the European earwig[J]. Behavioral Ecology, 2016: arw113.
염주비둘기	Lorenz K. On aggression[M]. Psychology Press, 2002.
오리너구리	Ordoez G R, Hillier L D W, Warren W C, et al. Loss of genes implicated in gastric function during platypus evolution[J]. Genome biology, 2008, 9(5): R81.
왕네발나비 유충	1.Eisner T, Eisner M. Defensive use of a fecal thatch by a beetle larva (Hemisphaerota cyanea)[J]. Proceedings of the National Academy of Sciences, 2000, 97(6): 2632-2636. 2.Weiss M R. Defecation behavior and ecology of insects[J]. Annu. Rev. Entomol., 2006, 51: 635-661.
위부화개구리	Fanning J C, Tyler M J, Shearman D J C. Converting a stomach to a uterus: the microscopic structure of the stomach of the gastric brooding frog Rheobatrachus silus[J]. Gastroenterology, 1982, 82(1): 62-70.

유럽거머리	Whitaker I S, Izadi D, Oliver D W, et al. Hirudo medicinalis and the plastic surgeon[J]. British journal of plastic surgery, 2004, 57(4): 348-353.
이집트대머리수리	Negro J J, Grande J M, Tella J L, et al. An unusual source of essential carotenoids[J]. Nature, 2002, 416(6883): 807-808.
임팔라	1.Leuthold W. African ungulates: a comparative review of their ethology and behavioral ecology[M]. Springer Science & Business Media, 2012. 2.Schenkel R. On sociology and behaviour in impala (Aepyceros melampus (Lichtenstein))[J]. The East African Wildlife Journal., 1966,4: 99-114.
잎벌레	Novel aspects of the biology of Chrysomelidae[M]. Springer Science & Business Media, 2012.
장수거북	Davenport J. Crying a river: how much salt-laden jelly can a leatherback turtle really eat?[J]. Journal of Experimental Biology, 2017, 220(9): 1737-1744.
재패니즈에인절피시	Gilbert C, Blanc S, Le Maho Y, et al. Energy saving processes in huddling emperor penguins: from experiments to theory[J]. Journal of Experimental Biology, 2008, 211(1): 1-8.
젖소	Broucek J. Production of methane emissions from ruminant husbandry: a review[J]. Journal of Environmental Protection, 2014, 5(15): 1482.
조류	장위광, 톈샤오양. 조류 부척골 형태 구조의 다양성과 그에 따른 기능 분석[J]. 쓰촨동물, 2006, 25(4): 703-709 Jordt S E, Julius D. Molecular basis for species-specific sensitivity to "hot" chili peppers[J]. Cell, 2002, 108(3): 421-430. Mascetti G G, Rugger M, Vallortigara G, et al. Monocular-unihemispheric sleep and visual discrimination learning in the domestic chick[J]. Experimental brain research, 2007, 176(1): 70-84.
줄무늬몽구스	1.Jansen D A. Vocal communication in the banded mongoose (Mungos mungo)[D]. University of Zurich, 2013. 2.Rood J P. Population dynamics and food habits of the banded mongoose[J]. African Journal of Ecology, 1975, 13(2): 89-111.
지렁이	Cosín D J D, Novo M, Fernández R. Reproduction of earthworms: sexual selection and parthenogenesis[M]//Biology of Earthworms. Springer, Berlin, Heidelberg, 2011: 69-86.
진딧물	Stadler B, Dixon A F G. Ecology and evolution of aphid-ant interactions[J]. Annu. Rev. Ecol. Evol. Syst., 2005, 36: 345-372.
집비둘기	1.샹옥창. 동물행위: 동물생존의비밀[M].베이징: 소년아동출판사, 2006:172 2.Keeton W T. Effects of magnets on pigeon homing[J]. 1972.
캥거루	Edwards M J, Deakin J E. The marsupial pouch: implications for reproductive success and mammalian evolution[J]. Australian Journal of Zoology, 2013, 61(1): 41-47.
코뿔새	Mills M S L, Boix-Hinzen C, Plessis M A D. Live or let live: life-history decisions of the breeding female Monteiro's Hornbill Tockus monteiri[J]. Ibis, 2005, 147(1): 48-56.
코알라	Logan M, Sanson G D. The effects of tooth wear on the activity patterns of free-ranging koalas (Phascolarctos cinereus Goldfuss)[J]. Australian Journal of Zoology, 2002, 50(3): 281-292.
큰가시고기	Ridley M, Rechten C. Female sticklebacks prefer to spawn with males whose nests contain eggs[J]. Behaviour, 1981, 76(1): 152-161. Rowland W J. Studying visual cues in fish behavior: a review of ethological techniques[J]. Environmental Biology of Fishes, 1999, 56(3): 285-305.

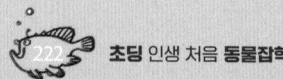

토끼	Hirakawa H. Coprophagy in leporids and other mammalian herbivores[J]. Mammal Review, 2001, 31(1): 61-80.
판다	[미]샬러 저. 마지막판다[M]. 장딩치 역, 베이징:광명일보출판사, 1998 하예, 위보문, 왕조망 등. 상령산계대웅묘적영양화능량대책[J]. 생태학보, 2000, 20(2):177-183
하마	Timbuka C. The Ecology and Behaviour of the Common hippopotamus, Hippopotamus amphibious L. in Katavi National Park, Tanzania: Responses to Varying Water Resources[D]. University of East Anglia, 2012.
해달	Sieswerda P. Copper and Other Algicides in Marine Mammal Pools[C]. Marine Mammal Water Quality: Proceedings of a Symposium. 29.
해삼	Flammang P, Ribesse J, Jangoux M. Biomechanics of adhesion in sea cucumber Cuvierian tubules (Echinodermata, Holothuroidea)[J]. Integrative and comparative biology, 2002, 42(6): 1107-1115.
햄스터	Soderwall A L, Kent Jr H A, Turbyfill C L, et al. Variation in gestation length and litter size of the golden hamster Mesocricetus auratus[J]. Journal of gerontology, 1960, 15: 246-248.
호아친	Dumbacher J P, Pruett-Jones S. Avian chemical defense[M]//Current ornithology. Springer, Boston, MA, 1996: 137-174. Parker W K. On the morphology of a reptilian bird, Opisthocomus cristatus[C]. Zoological Society of London, 1891.
혹개미	Huang M H. Multi-phase defense by the big-headed ant, Pheidole obtusospinosa, against raiding army ants[J]. Journal of Insect Science, 2010, 10(1): 1.
혹잎벌레	1.Eisner T, Eisner M. Defensive use of a fecal thatch by a beetle larva (Hemisphaerota cyanea)[J]. Proceedings of the National Academy of Sciences, 2000, 97(6): 2632-2636. 2.Weiss M R. Defecation behavior and ecology of insects[J]. Annu. Rev. Entomol., 2006, 51: 635-661.
황제펭귄	Gilbert C, Blanc S, Le Maho Y, et al. Energy saving processes in huddling emperor penguins: from experiments to theory[J]. Journal of Experimental Biology, 2008, 211(1): 1-8. Kirkwood R, Robertson G. The foraging ecology of female emperor penguins in winter[J]. Ecological Monographs, 1997, 67(2): 155-176.
흡혈박쥐	1.Wilkinson G S. Reciprocal food sharing in the vampire bat[J]. Nature, 1984, 308(5955): 181-184. 2.Wilkinson G S. Food sharing in vampire bats[J]. Scientific American, 1990, 262(2): 76-83.
흰개미	1.Calaby J H. The distribution and biology of the genus Ahamitermes (Isoptera)[J]. Australian Journal of Zoology, 1956, 4(2): 111-124. 2.Chouvenc T, Efstathion C A, Elliott M L, et al. Extended disease resistance emerging from the faecal nest of a subterranean termite[J]. Proceedings of the Royal Society B: Biological Sciences, 2013, 280(1770): 20131885." 1.Weiss M R. Defecation behavior and ecology of insects[J]. Annu Rev Entomol, 2006, 51:635-661. 2.Korb J. Thermoregulation and ventilation of termite mounds[J]. Naturwissenschaften, 2003, 90(5): 212-219.

사진 저작권

- 아일랜드큰뿔사슴 Bazonka 촬영, Wikimedia Commons 소장.
- 흰개미 ETF89 촬영, Wikimedia Commons 소장.
- 도깨비도마뱀 Comanns P, Esser F J, Kappel P H, et al. Adsorption and movement of water by skin of the Australian thorny devil (Agamidae: Moloch horridus)[J]. Royal Society open science, 2017, 4(9): 170591 인용.
- 데클레비스흰개미 Krishna K, Weesner F M. Biology of termites. Volume 1[J]. Biology of termites. Volume 1., 1969 인용.
- 재패니즈에인절피시 Catxx 촬영, www.theaquariumwiki.com 소장.
- 그랜트황금두더지 Maree, S. 2015. Eremitalpa granti. The IUCN Red List of Threatened Species 2015: e.T7994A21283661. https://dx.doi.org/10.2305/IUCN.UK.2015-2.RLTS.T7994A21283661.en. Downloaded on 16 July 2021.
- 미동부메뚜기 Dr. Douglas Whitman 촬영.
- 아름다운지느러미돔 Koblmüller S, Duftner N, Sefc K M, et al. Reticulate phylogeny of gastropod-shell-breeding cichlids from Lake Tanganyika-the result of repeated introgressive hybridization[J]. BMC Evolutionary Biology, 2007, 7(1): 7 인용.
- 조류 Hussain Kaouri 촬영, Wikimedia Commons 소장.
- 거꾸로개구리 Chipmunkdavis 촬영, Wikimedia Commons 소장.
- 블랙스왈로워 Melo M R S. Revision of the genus Chiasmodon (Acanthomorpha: Chiasmodontidae), with the description of two new species[J]. Copeia, 2009, 2009(3): 583-608 인용.
- 노블피그미개구리 Campos-Arceiz A. Shit happens (to be useful)! Use of elephant dung as habitat by amphibians[J]. B a, 2009, 41(4): 406-407 인용.
- 호아친 Anick Abourachid 촬영, National Museum of Natural History in Paris 소장
- 박각시나방 유충 三蝶纪 촬영.
- 위부화개구리 Dr. Hal Cogger 촬영.
- 군대개미 AntWeb. Version 8.58.1. California Academy of Science, online at https://www.antweb.org. Accessed 27 Jan 2021.
- 흡혈박쥐 Luis Lecuona 촬영, March, 8th, 2016. "Atotonilco El Grande" in Hidalgo State, Mexico. Dr. Alejandro Jimenez and Luis Lecuona.
- 판다 대소변 우한동물원 촬영.
- 사시나무나사혹진딧물 AfroBrazilian 촬영, Wikimedia Commons 소장.
- 혹잎벌레 Dr. Christopher G. Brown 제공.
- 다약과일박쥐 Dr. Charles Francis 촬영.
- 쇠향고래 Robert Pitman (NOAA) 촬영, Wikimedia Commons 소장.
- 잎벌레 Charles J. Sharp 촬영, Wikimedia Commons 소장.
- 갈고리바퀴벌레 Schal C & W J Bell. Ecological correlates of paternal investment of urates in a tropical cockroach. Science. 1982; 218: 170-173 인용.

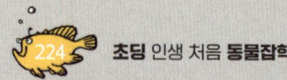